COLLECTION
SALAMANCA

TABLEAUX ANCIENS

DES ÉCOLES

Espagnole, Italienne, Flamande et Hollandaise

PROVENANT DES GALERIES

DE L'INFANT DON LUIS DE BOURBON; DU MARQUIS D'ALTAMIRA;

DU MARQUIS D'ALMEINERA; DE IRIARTE; DE LA COMTESSE DE CHINCHON,

NÉE DE BOURBON; DE DON JOSE DE MADRAZO; ETC., ETC.,

ET DU PALAIS DE VISTA-ALLEGRE.

VENTE HOTEL DROUOT, Salles N⁰ˢ 6, 8 et 9,

Les Lundi 25 et Mardi 26 Janvier 1875

A DEUX HEURES ET DEMIE PRÉCISES.

EXPOSITIONS:

PARTICULIÈRE : Le Samedi 23 Janvier 1875

PUBLIQUE : Le Dimanche 24 Janvier 1875

De 1 heure à 5 heures.

Mᵉ CHARLES PILLET,	M. HARO ✳,
COMMISSAIRE-PRISEUR,	PEINTRE-EXPERT
10, rue de la Grange-Batelière.	14, rue Visconti, et 20, rue Bonaparte.

CONDITIONS DE LA VENTE

Elle sera faite au comptant.

Les acquéreurs payeront *cinq pour cent* en sus des adjudications.

Paris. — Typ. PILLET fils aîné, 5, rue des Grands-Augustins.

Nous aurons rarement l'occasion de trouver, réunies dans
une même galerie, un nombre assez considérable de toiles de
l'Ecole espagnole qui nous permette de nous former une idée
exacte de ses tendances, et de juger du mérite des œuvres
qu'elle a produites.

La collection Salamanca, dont une partie a été dispersée
il y a quelques années, offre cette circonstance, et, — étant
admis le genre qui fait un si violent contraste avec les courants
de la mode actuelle, — le juge le plus sévère pourrait, à côté
de toiles plus ou moins appréciables, faire dans l'ensemble
un choix irréprochable,

Ces peintres castillans, ascétiques dans la composition,
violents dans l'exécution, ont quelque chose d'âpre et d'austère qui éloigne d'eux ceux qui sont séduits par la suavité
italienne ou la grâce affectée de l'Ecole française. En plein
dix-septième siècle, après les audaces et l'affranchissement de
la renaissance, Pacheco, le maître et le beau-père de Velasquez, établit que « la peinture est d'origine divine et procède
de la sainte trinité »; Luis de Vargas se donne la discipline
avant de s'asseoir à son chevalet; Zurbaran et Valdes Leal

vivent dans la contemplation du cloître ; Alonzo Cano et Ces-
pédès sont chanoines de Grenade et de Cordoue. Un décret du
Saint-Office défend, sous peine d'excommunication et d'une
amende de quinze cent ducats, de produire, d'exposer, de
mettre en vente et de posséder tout tableau, estampe ou
figure *immodeste* ; et Pacheco lui-même se fait un honneur
d'accepter la charge de censeur délégué à cet effet.

Il faut toute l'indépendance de Velasquez, l'autorité de
son génie, et surtout la faveur constante et marquée dont il
jouit auprès de son souverain, pour qu'il soit permis à l'artiste d'aborder l'histoire et de s'affranchir des sujets religieux :
un jour même, avec l'intervention et la protection du duc
d'Albe, les censeurs austères fermeront les yeux, et Don
Diego pourra peindre, pour la première et dernière fois de sa
vie, une femme nue ; la *Vénus couchée* de la galerie du prince
de la Paix, que tout le monde a pu voir à Manchester.

Dans un tel milieu, c'en est fait de la grâce, des molles
langueurs, des séductions de la forme, de cette poésie qui se
dégage d'une œuvre à la fois idéale et sensuelle, comme
l'*Ariane* du Titien ou l'*Enlèvement d'Europe* du Paolo ; les
sujets habituels aux artistes sont peu variés et toujours em-
pruntés aux choses saintes ou aux réalités de la vie, comme
s'il peignait dans un cloître ; il n'est permis à l'artiste de n'é-
voquer que des images sacrées, et sa vue, de quelque côté
qu'elle s'arrête, ne se fixe que sur des scènes ou des accessoires
vulgaires.

L'exécution elle-même est violente, farouche ; chez quelques-uns elle est pour ainsi dire fanatique : mais elle est
franche, sincère, puissante, souvent même incomparable et
d'une incontestable supériorité. Telle est la profondeur du
sentiment qui anime les plus grands d'entre ces artistes, et

telle est l'expression qui, jaillissant du cœur, se fixe sur leur toile, que, par un effet prodigieux de ce grand art de la peinture, elles peuvent porter le trouble et l'émotion chez le spectateur, et raviver la foi chez celui qui doute. — J'en atteste ceux qui ont passé de longues heures en contemplation dans la petite salle réservée du Musée de Séville, en face d'œuvres qui sont toute une révélation pour qui ne connaissait pas l'Espagne ; dans cette cour céleste où les Christs et les Vierges ploient sous le fardeau d'une douleur surhumaine, où les anges dans leur gloire, et les saints dans leur agonie, sont plongés dans une divine extase.

Treize artistes des différentes régions de l'Espagne sont représentés dans la collection Salamanca; elle offre encore des spécimens des Écoles italienne, flamande, hollandaise et française. Les provenances sont attestées, les galeries de l'Infant Don Luis de Bourbon, de la comtesse de Chinchon, des marquis d'Altamira et d'Almenara, de Don José Madrazo et Don M. de Iriarte, toutes célèbres dans la péninsule, ont fourni le fonds.

Dans ce centre parisien, quand on présente des toiles au suffrage du public, il se dégage de tous les jugements divers portés par la foule des amateurs, un arrêt dont la justice est sans appel ; il n'y a donc qu'à signaler dans la circonstance la notoriété publique et les provenances qui doivent être prises en considération.

Parmi les Velasquez qui figurent au Catalogue de Vista-Alegre, quelques-uns représentent des intérieurs de posada avec accessoires, tels qu'on en voit au Musée de Valladolid et qu'on appelle en Espagne *Bodegones*. Un portrait de

Dame de la cour de Philippe IV est signalé par Stirling et catalogué par W. Burger avec la mention « de première beauté et un des portraits extraordinaires de Velasquez. » Deux petites esquisses, *portrait de Philippe IV et de la Reine*, sont les premières pensées des grands portraits officiels tant de fois répétés. Le *Nain de Philippe IV* est une répétition de celui de Madrid qui figurait dans la galerie de l'Infant Don Luis de Bourbon ; il diffère un peu de l'original dans les colorations de la face.

Le *Portrait d'un Cardinal*, peint à Rome en même temps que l'Innocent X et qui lui est dédié, représente un majordome du Pape. Il porte une inscription d'un bon caractère et, dans les modelés du visage, reproduit la facture souple du portrait du Pontife.

Deux Zurbaran, *Une Assomption* et *Un Pénitent gris* (de la galerie du Marquis de Leganès) viennent directement de l'artiste, qui les avait peints pour le favori du duc d'Olivarès. Ribera est bien représenté dans son genre accentué et violent, par un *Apollon et Marsyas*, un *Baptême de Jésus* et une *Immaculée Conception* qui provient du couvent de Monterey où Céan Bermudez l'avait cataloguée. Une suite de six toiles de Murillo : *Job, Moïse, Tobie, Suzanne, Daniel* et le *Songe de saint Joseph*, qui offrent de rudes oppositions et des parties noyées dans une ombre un peu opaque, proviennent des cinq premiers ordres de Madrid et sont passés de la galerie de Don José Madrazo, le directeur du Musée, dans la collection Salamanca.

Les trois Goya, le *Combat de Taureaux*, — la *Procession à Lambas* — et le *Portrait d'Emmanuel Garcia* appartenaient au propre fils de l'auteur des *Caprices*, le marquis de l'Espinar, qui n'est autre que ce *Jeune homme en blanc*, aujourd'hui en

possession de MM. Goupil, et qui figurait à la première vente
Salamanca. Pour une œuvre de Goya, le portrait est peut-être
un peu sage, mais le mouvement des cheveux et la touche de
leur exécution décèlent le maître. Quant au *Combat de Taureaux*, qui est le tableau dont une exquise petite ébauche figure
à l'Académie de San Fernando , il a toutes les qualités de l'artiste ; les lumières argentées dans la demi-teinte, qu'on pourra
opposer aux lourdeurs des pastiches de Lucas, qui circulent
depuis si longtemps sous le nom du maître, sont de la qualité
la plus parfaite et caractérisent bien la gamme et la manière
du peintre de Charles IV.

Nous arrivons à des compositions d'un caractère haute-
ment décoratif qui, par leur dimension, ne peuvent guère
figurer que dans des musées, des galeries, ou servir à l'orne-
ment de palais, de châteaux, de grands hôtels, où elles s'éta-
leront sur d'immenses panneaux et pourront lutter, par la vigueur de l'exécution et la pompe de l'installation avec le relief
d'une riche ornementation architecturale. Dans le genre religieux et historique, ce sont des œuvres de Sanchez Coëllo, de
Mateo Cerezo, de Rubens. Lors de son séjour à Madrid, le
grand peintre d'Anvers avait exécuté, pour le duc de l'Infantado, huit sujets historiques encadrés dans de l'architecture,
et ces sujets devaient être exécutés en tapisserie. Deux de ces
huit toiles sont entrés dans la collection, les six autres sont
encore chez.le duc.

Deux immenses natures mortes avec personnages, la
Marchande de fruits et la *Marchande de poissons*, signé Matys
Muller, sont dignes de décorer la salle à manger d'un palais ;
puis viennent des Sneyders en grand nombre, sujets variés
de toute dimension, provenant presque tous de la galerie
Altamira.

Telles sont les principales œuvres qui ont fixé notre attention. En somme, la collection, prise dans son ensemble, offre deux sortes d'intérêt, celui qui s'attache à des spécimens de bonne provenance d'une école peu représentée en France depuis la dispersion du Musée Standish, et un choix très-ample de grands tableaux d'un caractère décoratif, signés de noms fameux, et d'une origine recommandable.

CHARLES YRIARTE.

Nous avons cru devoir retarder l'impression de notre Catalogue, dans lequel nous nous sommes attaché tout particulièrement aux attributions et aux provenances, pour pouvoir mettre sous les yeux des amateurs, après la remarquable étude de M. Charles Yriarte, la savante appréciation de M. Paul de Saint-Victor.

HARO.

Les amateurs n'ont pas oublié la vente de la galerie de M. Salamanca, qui eut lieu en 1867, l'année de l'Exposition. Cette vente ne comprenait qu'une partie de sa collection, et le célèbre banquier espagnol va mettre prochainement aux enchères les deux cents toiles qui lui restent. Cette collection, si vaste encore, comprend, dans son mélange, quelques tableaux de grand style et de premier ordre. L'École espagnole y tient naturellement le haut rang. On sait combien les beaux exemplaires de cette école originale et puissante sont rares en dehors de la Péninsule. Il y a encore des Pyrénées pour Murillo et pour Velasquez. Parcourons donc rapidement cette galerie de passage qui se recommande moins encore aux cabinets des ama-

-teurs qu'aux Musées de la province et de l'étranger. Ils y trouveront une occasion unique de compléter leurs séries et de remplir leurs lacunes. Combien de ces musées ne possèdent pas un seul tableau de maître espagnol ! Et un musée auquel une école entière fait défaut peut se comparer à une bibliothèque dépareillée de toute une branche de littérature.

Ribera est fièrement représenté dans la collection Salamanca par trois grands tableaux qu'on peut ranger parmi ses chefs-d'œuvre : l'*Apollon et Marsyas* montre, dans sa plus terrible manière, ce cruel génie qui se plaisait à la mise en scène des supplices, à la représentation des tortures et dont les toiles patibulaires semblent commandées par un tyran ou par un bourreau Les Ixion tordus sur leur roue brûlante, les Prométhée dont le vautour dévide les entrailles, les saint Barthélemy dépouillés de leur peau, les saint Laurent carbonisés sur un gril ardent, sont ses sujets de prédilection. Ici, c'est Marsyas qu'il nous montre savamment et lentement écorché par le couteau d'Apollon. Rien d'effrayant comme la figure du Satyre, attaché à un tronc d'arbre, vu de bas en haut, et dont on entend hurler la bouche horriblement ouverte au pied de la toile. L'implacable sérénité d'Apollon contraste cruellement avec cette rage de douleur. En pleine clarté, sans hâte, sans colère, il dissèque la jambe du patient, de main d'artiste et de main de dieu. Le coutelas pinçant les nerfs, soulevant les muscles, ne tremble pas plus sous ses doigts, que ne ferait son archet attaquant les cordes de sa lyre d'or. L'exécution suit ce contraste : calme et lumineuse dans la figure d'Apollon, elle prend une sorte d'exactitude chirurgicale, de réalisme féroce pour exprimer le masque convulsé du patient, et fouiller ses chairs avec le pinceau, comme au tranchant d'un scalpel.

Ce terrible maître semble peu fait pour traiter les scènes purement pieuses ou mystiques. Pourtant il s'attendrit quelquefois ; la grâce du Corrége, qu'il était allé étudier à Parme, le toucha un jour : elle dérida sa rigueur, elle illumina ses ténèbres. Son tableau clair et presque charmant de *Sainte Marie la Blanche*, qui décore une église de Naples, fut comme l'ex-voto de cette conversion passagère. On peut aussi y rattacher l'*Immaculée conception* de la galerie Salamanca, provenant du couvent de Monte-Rey, et citée par Cean-

Bermudez. La Vierge plane dans le ciel, les mains jointes, sur le croissant symbolique. Une robe blanche, imprégnée de lumière, qu'une draperie bleue recouvre de ses plis flottants, enveloppe son corps glorifié. Une guirlande de têtes d'anges s'effeuille à ses pieds. Même après les *Conceptions* de Murillo, on peut admirer la majesté céleste qui règne dans cette noble toile, sa piété grave et sa splendeur chaleureuse. La Vierge est moins aimable, sans doute, et moins rayonnante que celle de Murillo, mais d'une beauté plus chaste, d'un sentiment plus profond et plus pénétrant. Une teinte de tristesse se mêle à son extase, et le pressentiment du Calvaire semble troubler la joie du divin mystère qui s'accomplit dans son sein.

Il y a une figure superbe dans le *Baptême de Jésus*, provenant de la galerie Albarran : celle de saint Jean-Baptiste amaigri par le jeûne, exténué par la pénitence, illuminé d'austère enthousiasme, qui verse l'eau du Jourdain sur la tête du Christ. C'est la grandeur du style italien accentuée par l'ascétique espagnol.

Une curiosité particulière s'attache aux œuvres de jeunesse de tous les grands maîtres. On y voit naître leur génie, on assiste à son éclosion, on suit les tâtonnements de leur pinceau cherchant son originalité et débrouillant sa manière. Tout est encore en germe, mais tout va bientôt s'épanouir. A ce titre, la série des six tableaux de Murillo, provenant des couvents de Madrid : — la *Patience de Job* — *Moïse sur le mont Sinaï* — *Tobie et l'Ange* — *Suzanne et les deux vieillards* — *Daniel dans la fosse aux lions* — le *Songe de saint Joseph* — qui figurent dans la collection Salamanca, intéresseront tous les amateurs. — Leur authenticité est incontestable ; mais ce serait trouver une déception que d'y chercher des chefs-d'œuvre. Ils datent de l'époque où Murillo, sortant de l'école de Juan del Castillo, pauvre comme un bachelier de *Gil Blas*, mais déjà doué d'une facilité merveilleuse, improvisait, par centaines, des toiles religieuses pour les vendre à la foire de Séville, ou les expédier au Mexique. *Una partida de pinturas*, on désignait ainsi cette branche d'exportation pittoresque. Ceci dit, ne croyez pas à une peinture d'ébauche et de pacotille : une note plus haute dans la gamme, un degré de plus dans l'exécution, et ces six tableaux seraient dignes du grand artiste qui y faisait son apprentissage. Tels qu'ils sont, avec leur facture expéditive et leurs parties relâchées, ils charmeront les yeux habitués à lire dans les brouillons du talent. Le jet spontané du dessin, l'élégance des attitudes, la suavité des teintes, l'éclat moelleux de la touche, toutes les séduisantes qualités du maître, qui était alors sous le charme de la manière de Van-Dyck, s'y font déjà pressentir. Le Murillo des beaux temps est déjà visible dans la charmante toile de *Tobie et l'Ange*. Dans le *Moïse sur le Sinaï*, son coloris merveilleux se lève en quelque sorte, vague et léger comme une aube, au fond d'un paysage ravissant.

Aussi bien le peintre enchanteur qu'annonçaient ces brillants préludes, se montre tout à côté, dans un tableau célèbre qui a fait partie de la galerie du *Real Palacio*, et qui a été gravé par Blas Ametller : *Sainte Rose de Lima et l'Enfant Jésus*. Entre tous les peintres de l'École espagnole, Murillo se distingue par la douce piété de son style. La religion, dans ses tableaux, n'a ni la terreur menaçante que Ribera lui prête, ni la rigueur lugubre que Zurbaran lui imprime, ni la tristesse poignante dont la revêt Moralès. Il la comprend surtout par l'amour; il se plaît dans les visions riantes et sereines. L'Enfant Jésus descendant sur un rayon de lumière, dans les bras d'un moine en prière, les Anges donnant une sérénade à Marie sur la viole et le tambourin, la jeune nonne offrant à l'Époux céleste son cœur tiré de sa poitrine, comme un fruit mystique, sont ses motifs favoris. Sa couleur chaude et limpide, où les formes nagent dans une vapeur argentée, est bien celle du ciel que rêvait sainte Thérèse, et où la transportaient ses extases. Ses tableaux ravissent et troublent à la fois les yeux des fidèles par je ne sais quelle volupté caressante répandue sur les mystères de l'Église. Vasari a dit que Giotto renouvela la peinture « parce que, le premier, il mit de la bonté dans les « airs de tête. » On peut dire que Murillo, lui aussi, renouvela l'art espagnol en attendrissant sa dureté native. On voit toujours l'enfer flamboyer au fond des tableaux de L'Espagnolet, de Herrera le Vieux et de Zurbaran; l'horizon de Murillo est le paradis.

C'est cette dévotion amoureuse qui donne tant de charme au gracieux tableau où il a représenté sainte Rose de Lima tenant un bouquet de roses à la main et offrant son cœur à l'Enfant Jésus perché, comme un oiseau divin, sur les corolles de la fleur. Com-

bien serait fadement équivoque un pareil motif traité, en style jé-
suite, par l'Albane, le Guide, Carle Maratte ou tout autre peintre
de la décadence italienne ! Sous le pinceau de Murillo, il prend
une expression passionnée. L'extase de la Sainte est si profondément
sincère et fervente qu'elle dissipe toute pensée railleuse. Ce qui
paraîtrait ailleurs un madrigal insipide de galanterie dévote, plaît
et sourit ici comme un pur symbole de céleste amour.

On retrouve le même sentiment de piété onctueuse dans l'impor-
tant tableau de Matteo Cerezo, cité par Bermudez : l'*Apparition
de la Vierge, sur un cerisier, à saint François d'Assise*. Quel plus
gracieux miracle que celui de cette Madone printanière, apparais-
sant, l'Enfant Jésus dans ses bras, entre les branches d'un arbuste
en fleur ! Un petit Chérubin vient de cueillir des roses dans les
buissons du verger, il en a fait une guirlande qu'il rapporte à tire-
d'aile et qu'il pose amoureusement sur les cheveux de la Vierge.
On dirait un page du Paradis courtisant sa reine. Ces gentillesses
du pinceau sont une grâce chez les maîtres vraiment religieux ;
elles répandent sur la sublimité chrétienne un sourire de gaieté
candide. L'exécution est large et facile, harmonieuse et chaude ;
elle a la distinction de Van Dyck que Cerezo avait beaucoup étudié.
Cerezo est un composé de Van Dyck et de Murillo.

Entre les dix tableaux de Velasquez, ou qui lui sont attribués, j'en
distingue quatre qui peuvent être franchement acceptés. L'*Intérieur
de posada* étonnera peut-être les amateurs qui ne connaissent point
sa première manière. Velasquez ne fut pas toujours le peintre libre
et léger, caressé et fin, enveloppé de magie et d'air, que font admirer ses chefs-d'œuvre. Élève d'Herrera le Vieux, il s'était épris,
comme lui, au commencement, de Rivera et du Caravage. Il recher-
chait, dans ses premières toiles, leur dessin ligneux, leur facture
serrée, leur rendu énergique et dur qui attache une importance
égale à toutes les parties d'une composition. Il poussait à outrance
le relief des formes et l'accentuation des objets. L'air, l'élément de
son génie futur, était encore absent de ses toiles. Les *Bebidores* du
musée de Madrid résument, dans un véritable prodige de natura-
lisme, les qualités et les défauts de cette manière excessive.

C'est à elle seule aussi qu'il faut rattacher, à un degré inférieur, cet *Intérieur de Posada*, d'une trivialité si rude et si forte. Deux hommes du peuple, moitié gueux et moitié brigands, sont assis aux deux coins d'une table. Au milieu, une femme vue de face, aux traits durs, sinistrement laide, tient à la main une cuillère pleine. On n'imaginerait pas autrement l'hôtesse d'un coupe-gorge ou la virago d'une bande de voleurs. Cela est pétri comme à l'ébauchoir. Admirez surtout le vieux, coiffé jusqu'aux sourcils d'un feutre crasseux, qui tient un pot entre ses deux mains, il serait digne d'être admis dans la confrérie des *Buveurs* que nous citions tout à l'heure, en adoration devant un Bacchus de taverne, à cheval sur son tonneau défoncé. La brosse du maitre a fouillé sa barbe sale, gercé sa bouche entr'ouverte, plissé ses yeux éraillés, décrit toutes les rugosités de son cuir épais et hâlé. C'est la réalité crue, à l'état palpable, plaquée sur la toile comme une ronde-bosse sur un mur.

Quel contraste, avec ce portrait grandement patricien d'un cardinal, assis dans un fauteuil à dossier rouge, et tenant en main une lettre dont on lit l'adresse : *Alla Santita di nostro Signore Innocenzio X°* ! Tout un caractère est écrit sur cette physionomie d'une autorité sérieuse et tranquille, dans ce regard scrutateur, sur cette bouche fière et prudente, faite pour le commandement et pour le secret. La belle simplicité de l'exécution, où la fermeté de la touche se marie, par un rare mélange, à la richesse du pinceau, fait admirablement ressortir ce noble modèle.

C'est une rareté et un charme que de rencontrer Velasquez réduit aux dimensions de la miniature. La collection Salamanca réserve aux curieux cette surprise, avec ses deux fines petites esquisses des grands portraits en pied de Philippe IV et de sa femme Marie-Anne d'Autriche. Si Philippe IV disparaissait de l'histoire, on le retrouverait dans les portraits de Velasquez. A ce degré de nature et de ressemblance, le pinceau de l'artiste vaut la plume du plus exact historien. Il l'a peint sous tous les aspects et à tous les âges, et l'apathie du modèle royal se reflète dans la constante uniformité de ses traits. Qu'il ait trente ans, qu'il en ait soixante, qu'il soit représenté en chasse ou en guerre, à cheval ou à genoux dans son oratoire, c'est toujours le même visage, ou, pour mieux dire, le même masque taciturne et terne, au front bas, à la lèvre épaisse et pendante, accentué par des moustaches retroussées en pointes, endormi par des yeux gris d'une indéfinissable expression. Cette indolence n'était pas d'ailleurs sans noblesse. Grand, blond, élancé, cavalier superbe, gentilhomme accompli, Philippe IV réalisait l'idéal d'un roi de parade. Une hauteur naturelle corrigeait l'insignifiance de ses traits. La peinture de Velasquez exprime avec génie cette faiblesse masquée de fierté, dans le grand portrait en pied dont la petite toile de M. Salamanca est une précieuse réduction. Il apparaît debout, vêtu de noir, comme venant du fond d'une longue galerie sombre. On vient de lui remettre une dépêche que laisse pendre sa main. A quoi bon l'ouvrir? C'est sans doute une bataille perdue qu'elle annonce encore, l'insurrection d'une province ou le démembrement d'un royaume. Une morne résignation est empreinte sur son long visage. Il est si triste qu'il a l'air pensif. Velasquez, cette fois, a été profond comme Rembrandt.

Le petit portrait, en pendant, de Marie-Anne d'Autriche, sobre et fin, touché d'un frottis, étoffé et brodé de gris délicieux, est d'une qualité plus précieuse encore. L'exécution seule, d'ailleurs, pouvait faire valoir cette figure plate et fade, ingrate et amère, encore enlaidie par sa coiffure baroque, son corsage roide comme une armature et son vertugadin qui imprime au corps les escarpements d'une forteresse. Mais ce triste visage est rendu avec une vérité si frappante, qu'il donne aux yeux l'illusion d'une présence réelle. Velasquez peint respectueusement ses modèles royaux ou princiers, mais sans aucune complaisance. Son pinceau ne sait pas flatter; il dit ses vérités à la laideur de la reine, comme à la difformité du mendiant. Cette traduction littérale produit des merveilles de vie et de ressemblance historique. Velasquez est moins le peintre que l'évocateur des personnages de son temps.

Les quatre Goya sont incomparables. Je ne crois pas qu'aucune vente publique en ait montré de plus beaux. Quelle étonnante esquisse que la *Procession à Lambas*, interminable cortège qui débouche d'une vieille église de village, dont la tour carrée se dresse au fond de la toile, et qui serpente dans la plaine, fantastiquement éclairée par un ciel d'orage ! Regardez le tableau de près, vous n'y

verrez qu'un pêle-mêle de taches plaquées et essaimées au hasard.
Reculez de quelques pas, et cette file confuse se débrouille, les rangs
s'écartent, les personnages se précisent. Moines psalmodiants, prêtres
portant des bannières et des crucifix, pénitents contrits, dévots hu-
miliés, âniers et vieilles femmes agenouillés au passage, se détachent
d'une pâte lumineuse et grasse, avec un mouvement de foule, une
variété d'allures et de gestes, un entrain de dévotion fiévreuse et
bruyante que la peinture la plus étudiée ne saurait atteindre. Le
démon de la verve poussait le coude du peintre, lorsqu'il bâclait
cette magique pochade. Rien d'écrit, des silhouettes hâtives; mais
l'indication est d'une telle justesse qu'on ne la voudrait pas moins
rapide. Et quelle profondeur dans cette campagne vaguement
éclairée! Comme les plans fuient, comme l'air y circule! La peinture de Goya a le mystère et le prestige des grimoires; avec quelques signes barbares, elle fait surgir des apparitions.

Même ragoût de coloris et même furie de pinceau dans le *Combat
de taureaux*, qui est encore une toile endiablée. Le champ est divisé
en deux arènes : à gauche, les *chulos* harcèlent l'animal ; à droite,
un picador se dresse sur ses étriers, la lance en arrêt, contre un
taureau qui décrit, en se profilant, le galbe net et fin d'un petit
bronze antique. Une masse de bâtisses ferme, au fond, la scène ; une
foule agitée l'enveloppe ; les gradins ondoient, cela pullule et cela
fourmille. La couleur est à la fois violente et piquante. Au premier
plan, encombré de femmes et de spectateurs, c'est comme une ome-
lette de blancs brouillés, d'une saveur exquise.

Goya peint la foule comme d'autres peintres la mer. Elle est joyeuse
et lumineuse dans le *Combat de taureaux*; il nous la montre noire
comme une tempête, dans l'effrayante petite toile qui a pour titre :
l'*Inquisition*. C'est un condamné du Saint-Office, pilorié sur un écha-
faud, mains jointes et tête basse, coiffé du long bonnet à pointe des
auto-da-fé. Autour de lui s'agite, dans l'ombre, une cohue furieuse,
plutôt devinée qu'aperçue et qu'on sent remuer sans la voir. Cette
obscurité grouillante est terrible. On dirait une ronde démoniaque
tournoyant autour d'un damné.

Cet improvisateur furieux se calme dans les portraits qu'il traite souvent avec une finesse presque caressante. On prendrait de loin celui d'Emmanuel Garcia pour un morceau de Reynolds. La tête est d'une fraîcheur transparente, elle a ce qu'on pourrait appeler la distinction de la peau. Mais la physionomie est bien castillane, une gravité précoce s'y mêle à la jeunesse. Ce front si clair semble déjà chargé de pensées sérieuses. Par la pénétration du caractère, le modelé délicat et ferme, l'harmonie limpide de l'exécution, cette belle toile peut se ranger à côté du célèbre *Jeune homme en gris*, parmi les meilleurs portraits de Goya.

D'autres maîtres espagnols : Juan de Joanes, Greco, Arellano, Zurbaran, Lucas, etc., figurent encore dans la collection. Mais l'espace nous manque pour les passer en revue; il faut s'en tenir à l'élite et au premier rang.

Les autres écoles sont représentées par beaucoup de morceaux curieux et quelques toiles excellentes. J'ai noté, dans l'école italienne, une petite *Sainte Famille* raphaélesque de Garofalo; dans l'école hollandaise, quatre ravissants croquis d'Ostade qui se font pendants, — le *Maître d'école*, les *Fumeurs*, les *Soins maternels*, une *Tabagie* — et une *Assemblée de famille* de Gonzalès Coques, qu'on prendrait pour un Van Dyck en petit.

Entre les tableaux de l'École flamande, il faut s'arrêter devant un tableau de Snyders, le *Marchand de gibier*, d'une dimension monumentale, d'une importance capitale, qui décorerait superbement la salle à manger d'un château princier. Les canards et les hérons, les lièvres et les perdrix, les faisans et les bécasses s'amoncellent dans cette boutique de gala, sous l'envergure d'un cygne magnifique, aux ailes éployées. Un paon étale sur la table son radieux plumage; un chevreuil y laisse pendre son flanc éventré. L'exécution est prodigieuse de luxe et de force. Chaque pelage et chaque plumage est rendu dans sa douceur ou dans son éclat, dans sa substance et dans sa nuance, avec une diversité de touche, une franchise de ton, une vaillance et une souplesse de pinceau qui donnent l'illusion de la nature même. La palette de l'artiste se déploie et fait la roue comme son paon, dans ce tableau triomphant.

Deux autres grandes toiles d'un artiste peu connu, Mattis Muller :
— la *Marchande de fruits* et la *Marchande de poissons*, — complé-
teraient admirablement la décoration culinaire que fait rêver le tro-
phée de Snyders. D'un côté, une profusion de pêches et de cerises,
de coings et de pommes, de figues et de raisins, remplissant des cor-
beilles, des vases, des paniers; de l'autre, un débordement de cabillauds,
de saumons, de turbots, de raies, de harengs ; le filet d'une pêche mi-
raculeuse vidé sur une table. Les deux marchandes et leurs chalands,
pittoresquement accoutrés, animent ces immenses *Natures mortes*,
facilement peintes, largement touchées, faites pour éveiller l'appétit
d'un gastronome et pour satisfaire, en même temps, le goût d'un
curieux. Quels décors pour le réfectoire de Gargantua traitant Pan-
tagruel !

Citons encore un précieux tryptique attribué à Albert Durer, mais
qu'il faut rendre à l'École de Bruges ; puis, pour passer d'un extrême à l'autre, un charmant tableau de Vanloo, les *Trois Grâces*, de
la qualité d'un très-beau Boucher, et terminons cette rapide visite
pour ne pas tourner au dénombrement. Bientôt, d'ailleurs, les tableaux que nous annonçons seront exposés au public. Ce sera la
première vente vraiment importante qui aura eu lieu à l'hôtel
Drouot, depuis sa réouverture ; elle inaugurera dignement la
saison.

Paul de Saint-Victor.

(*Moniteur* du 4 janvier 1875.)

ÉCOLE ESPAGNOLE

DU XVIe ET DU XVIIe SIÈCLE.

ÉCOLE ESPAGNOLE

ANTOLINEZ

(JOSÉ)

Né à Séville en 1639, mort à Madrid en 1676.

1 — Entrée de Jésus à Jérusalem. 125

Toile signée. Haut., 83 cent.; larg., 1 m. 62 cent.

ANTOLINEZ

(JOSÉ)

2 — Massacre des Innocents. 150

A appartenu à la galerie de Don José de Madrazo, directeur du musée royal de Madrid.

Toile signée. Haut., 83 cent.; larg., 1 m. 62 cent.

ARELLANO

(JUAN DE)

Né à Séville en 1639, mort à Madrid en 1676.

800

3 — Fleurs.

Collection de Madrazo.

Toile signée. Haut., 96 cent.; larg., 63 cent.

ARELLANO

(JUAN DE)

300f.oo.

4 — Fleurs.

Collection de Madrazo.

Toile signée. Haut., 42 cent.; larg., 43 cent.

ARELLANO

(JUAN DE)

250

5 — Fleurs.

Collection de Madrazo.

Toile signée. Haut., 42 cent.; larg., 43 cent.

CANO

(ALONZO)

Né à Grenade en 1601, peintre, sculpteur et architecte,
mort en 1667.

6 — Paysage accidenté.

Collection de Madrazo.

Toile. Haut., 43 cent.; larg., 63 cent.

CEREZO

(MATEO)

Né à Burgos en 1635, étudia en Castillo et fut disciple de son père
et de Juan de Carreno.

7 — L'Apparition de la Vierge, sur un cerisier, à saint François.

L'ouvrage de Bermudez en fait mention. Composition importante, pinceau large, beaucoup d'harmonie.

Toile. Haut., 2 m. 50 cent.; larg., 1 m. 75 cent.

COELLO

(ALONZO-SANCHEZ)

Né à Benyfayro, mort à Madrid en 1590.

8 — Portrait de Fernand Cortès.

Il est debout, de trois quarts, à droite: vu jusqu'aux

genoux. Grandeur naturelle. La main droite tient un gant et repose sur l'angle d'une table à tapis rouge ; la gauche est gantée et s'appuie sur la garde de l'épée. Toque noire penchée sur l'oreille gauche. Collerette montante et découpée, encadrant le visage. Justaucorps en soie noire brochée. Manchettes en guipure comme la collerette. Sur la table, un cadran monté sur un pied doré. En haut, à gauche, on lit : FERNA. CORTÈS

(Ancien catalogue.)

Toile. Haut., 1 m. 12 cent.; larg., 1 m. 02 cent.

COELLO

(ALONZO-SANCHEZ)

9 — Communion de sainte Thérèse.

Saint Pierre, évêque d'Alcantara, donne la communion à sainte Thérèse, qui est agenouillée devant l'autel placé à gauche.

Elle porte une robe brune, recouverte d'un manteau blanc surmonté d'une cape noire ; une auréole rayonne au-dessus de sa tête ; elle tient sa main droite sur sa poitrine ; sur la main gauche tombe le voile blanc de la communion. Derrière l'évêque officiant est un moine et un saint diacre est agenouillé au premier plan ; dans le fond, à côté de la sainte, se trouve un autre saint diacre qui lui présente une fleur de lis. Aux colonnes du temple pend un rideau aux larges plis.

Galerie de l'infant don Louis de Bourbon.

(Ancien catalogue.)

Toile. Haut., 2 m. 48 cent.; larg., 2 m. 22 cent.

COELLO

(CLAUDIO)

Né à Madrid, étudia avec Ricci et se perfectionna avec Carreno,
mort en 1693.

10 — Jésus et saint Pierre.

Galerie de Madrazo.

Signé à gauche Claudio Ft., n° 348 de l'ancien catalogue.

Toile. Haut., 1 m. 90 cent.; larg., 1 m. 47 cent.

GOYA Y LUCIENTÈS

(DON FRANCISCO)

Né à Fuentendos (Arragou) en 1746, mort à Bordeaux en 1828.

11 — Portrait d'Emmanuel Garcia.

Sa tête, pleine de jeunesse, est abritée sous une
épaisse chevelure ; il est revêtu d'une redingote de drap
brun, qui laisse passer une partie de son linge et le
collet d'un gilet blanc.

Provient de la galerie de Goya.

Toile. Haut., 80 cent.; larg., 57 cent.

GOYA

12 — Dames au balcon.

Galerie de don Serafin de la Huerta. 2ᵉ répétition d'après le tableau de Madrid.

Il existe plusieurs répétitions des Manolas au balcon ; le Musée de Madrid en possède un exemplaire, le duc de Montpensier et l'infant don Sébastien en possèdent chacun un de la même dimension.

Toile. Haut., 1 m. 96 cent.; larg., 1 m 30 cent.

GOYA

13 — Combat de taureaux.

Nous assistons à une course de taureaux, sous le ciel d'Espagne, au milieu de nombreux spectateurs toujours avides de ces combats si souvent dangereux.

Le champ est divisé en deux arènes.

Dans l'arène à gauche, le picador attend que le taureau soit préparé ; dans celle à droite, le torréador se dresse sur ses étriers pour transpercer de sa lance le taureau qui va se jeter sur lui.

Vente de Goya.

Toile. Haut., 97 cent.; larg., 1 m. 25 cent.

GOYA

14 — Procession à Lambas.

Une procession s'est mise en marche et se trouve accompagnée d'une grande foule ; des fidèles se pressent sur son passage en donnant des marques non équivoques de leur dévotion.

Au premier plan, des muletiers laissent reposer leurs montures.

Vente de Goya.

Pendant du combat de taureaux.

Toile. Haut., 63 cent.; larg., 52 cent.

GRECO

(DOMINICO-THEOTOCOPULI, dit le GRECO)

Né en 1558, mort en 1625.

15 — La Vierge et l'Enfant.

Collection de Madrazo.

Toile. Haut., 1 m. 06 cent.; larg., 87 cent.

GRECO

(DOMINICO-THEOTOCOPULI)

225

16 — Institution du sacrement de l'Eucharistie.

Collection de Madrazo.

Toile Haut., 1 m. 50 cent.; larg., 1 m. 04 cent.

JUAN DE JUANES

(VICENTE)

1000.00

17 — Descente de croix.

Collection de Ororio.

Bois. Haut., 79 cent.; larg., 35 cent.

LUCAS

(EUGENIO)

150

18 — Une Orgie.

Toile. Haut., 34 cent.; larg., 42 cent.

MURILLO

(BARTHOLOMÉ-ESTEBAN)

Né à Séville en 1618, mort en 1682. Élève de Juan del Castillo.

19 — 1. Job et sa femme, ou la Patience de Job.

Cette collection formée de six tableaux : *Job*, — *Moïse*, — *Tobie*, — *Suzanne*, — *Daniel*, — et le *Songe de S. Joseph*, appartenant à la première manière de l'artiste, provient des cinq premiers ordres de Madrid. Ces toiles furent achetées en vente publique par don José de Madrazo, directeur du Musée royal.

Toile. Haut., 85 cent.; larg., 1 m. 23 cent.

MURILLO

20 — 2. Moïse, sur le mont Sinaï, reçoit les tables de la loi.

Toile. Haut., 85 cent.; larg., 1 m. 23 cent.

MURILLO

21 — 3. Le jeune Tobie et l'Ange.

Toile. Haut., 85 cent.; larg., 1 m. 23 cent.

MURILLO

22 — Suzanne et les deux vieillards.

Toile. Haut., 85 cent.; larg., 1 m. 23 cent.

MURILLO

23 — Daniel dans la fosse aux lions.

Toile. Haut., 85 cent.; larg., 1 m. 23 cent.

MURILLO

24 — Le Songe de saint Joseph.

Toile. Haut., 85 cent.; larg., 1 m. 23 cent.

MURILLO

25 — Gamins de Séville.

Collection de S. E. Don Patricio de la Escosura.

Toile. Haut., 44 cent.; larg., 80 cent.

MURILLO

26 — Sainte Rose de Lima.

Vue à mi-jambes. Elle est debout en extase, tenant de la main droite une branche de roses sur laquelle descend le petit Jésus. De la main gauche, elle serre son chapelet contre son sein. Guimpe blanche et robe blanche sur laquelle se drape un manteau foncé. Dans le ciel un chœur de chérubins.

Grandeur naturelle.

Ce tableau a été gravé à Madrid par Blas Amettler, et se trouvait alors dans la galerie du real palacio.

Cean Bermudez parle de sainte Rose de Lima (t. II, page 65).

(Ancien catalogue.)

Toile. Haut., 1 m. 66 cent.; larg., 1 m. 33 cent.

MURILLO

27 — Prédication de saint Paul.

Collection de Madrazo.

Toile. Haut., 74 cent. ; larg., 55 cent.

MURILLO

28 — Tête de sainte Anne.

Collection de Madrazo.

Toile. Haut., 37 cent.; larg., 25 cent.

PALOMINO

(DON ANTONIO)

Né à Bujalanjé en 1653, mort à Madrid en 1726.

29 — **Palomino faisant le portrait du prince don Baltazar et de quelques-uns de ses familiers.**

Galerie de l'Infant don Luis de Bourbon.

Toile. Haut., 93 cent.; larg., 1 m. 25 cent.

RIBERA

(Le Chevalier JUSEPE DE, dit l'Espagnolet.)

Peintre-graveur, né en 1588, à Jaliva (aujourd'hui San Felipe), près de Valence ; mort à Naples en 1656.

30 — **L'Immaculée Conception.**

La Vierge, les mains jointes et les yeux tournés vers l. . . el, dans l'attitude d'une religieuse attente, est debout, les pieds posés sur le croissant symbolique que supportent des chérubins ; vêtue d'une longue robe blanche, elle est enveloppée en partie des plis flottants d'une draperie bleue ; au-dessus d'elle est le Saint-Esprit, que de nombreux chérubins entourent.

Signé à droite : JUSEPE DE RIBERA, espagnol, F. 1637.

Tableau cité par Cean Bermudez.

Provient du couvent de Monte-Rey (province de Salamanca).

(Ancien catalogue.)

Toile. Haut., 2 m. 51 cent.; larg., 1 m. 75 cent.

RIBERA

31 — Baptême de Jésus.

Sur les bords du Jourdain, Jésus, les mains croisées sur la poitrine et les traits empreints d'une profonde humilité, reçoit, agenouillé, le baptême que lui donne saint Jean-Baptiste.

Du haut du ciel, le Saint-Esprit, ainsi que deux anges, assistent à cette scène, l'un d'eux relève les plis de la draperie qui enveloppe le Christ.

Signé : JUSEPPE RIBERA, Espagnol.

Galerie de Albarran.

(Ancien catalogue).

Toile. Haut., 2 m. 22 cent.; larg., 1 m. 57 cent.

RIBERA

32 — Apollon et Marsyas.

Marsyas, célèbre musicien de Phrygie, étant à Nyssa, eut l'imprudence de défier avec sa flûte la lyre d'Apollon, les Nyséens furent pris pour juges de la

3

lutte, dont la condition était que le vaincu serait à la discrétion du vainqueur. Marsyas, ayant eu le dessous, fut saisi aussitôt par Apollon, qui l'écorcha vif.

Sur le rocher, à droite, on lit : Jusepe da Ribera, espagnol. F. 1630.

Galerie de l'infant don Louis de Bourbon.

(Ancien catalogue).

Toile. Haut , 2 m. 05 cent.; larg., 2 m. 50 cent.

VELASQUEZ

(DON DIEGO RODRIGUEZ DE SILVA Y)

Né à Séville en 1599; mort à Madrid en 1660.

33 — Intérieur de posada avec trois figures.

A une table sont assis deux hommes et une femme. La femme est au milieu et vue de face, elle tient de la main gauche son assiette et de la droite sa cuiller pleine. A sa droite, un homme tête nue et barbu ; à sa gauche, un vieillard coiffé d'un chapeau à bords rabattus en arrière et tenant un pot entre ses deux mains. Sur la table, couverte d'une nappe blanche, se voient deux pains, un couteau, des vases. Au lambris sont accrochés des quartiers de viande, des saucissons.

Figures à mi-corps, grandeur naturelle.

(Première manière de Velasquez).

(Ancien catalogue.)

Nota. Il est question de ce tableau dans le *Voyage de Ponz*, T. 10, ch. 42, p. 20.

Galerie de don Sérafin Martinez de Cadix.

Toile. Haut., 1 m. 23 cent.; larg., 1 m. 47 cent.

VELASQUEZ

34 — Aveugles jouant du violon et de la guitare.

Première manière du maître.
Galerie de Don Celestino.

Toile. Haut., 88 cent.; larg., 1 m. 18 cent.

VELASQUEZ

35 — Portrait d'un cardinal, majordome du pape Innocent X.

Il est assis dans un fauteuil à dossier rouge, la main gauche sur le bras du fauteuil, la main droite tenant un papier sur lequel est écrit :

« *Alla Sant*ia *di Nro Sig*ro *Innocenzio X*o *Mons. Maggiordomo ne parti. A S. S*ta *per Diego d. Silua y Velasqu. E Pietro Martire Neri.* »

Cheveux et moustaches grisonnants. Toque noire, manches blanches, surplis bleu doublé de rouge.

Figure de grandeur naturelle, vue jusqu'aux genoux. Peinte en 1648, à Rome, époque du portrait d'Innocent X de la galerie Doria.

Toile. Haut., 1 m. 14 cent.; larg., 92 cent.

VELASQUEZ

36 — Portrait d'une dame de la cour de Philippe IV.

Elle est debout, richement vêtue, vue de face et à mi-jambes ; la main droite posée sur le dossier d'un fauteuil, et la main gauche tenant un mouchoir ; sa tête expressive est couverte d'une résille en soie brune garnie de franges blanches et d'ornements en or ; sa robe noire décolletée porte des manches à crevés, terminées aux poignets par des manchettes en guipure, que retiennent des liens ou bracelets à pierreries ; une montre, posée sur un meuble à gauche, a été détachée d'une chaîne en or pendue à sa ceinture ; sur ses épaules repose un riche collier, et à son corsage brille une agrafe en pierreries.

Provient de la galerie du marquis de Léganès.

Toile. Haut., 1 m. 30 cent.; larg., 99 cent.

VELASQUEZ

37 — Le Nain de Philippe IV.

Il est assis de face, les jambes vues en raccourci. Barbe et cheveux noirs. Manteau rouge.

C'est une répétition du tableau du Musée royal de Madrid.

Galerie de l'infant don Louis de Bourbon.
(Ancien catalogue).

Toile. Haut., 1 m. 03 cent.; larg., 82 cent.

VELASQUEZ

38 — Portrait de Philippe IV (esquisse).

4400.00

Représenté en pied, Philippe IV tient de la main gauche son chapeau, et de la main droite un papier. Son costume est en étoffe noire; il porte au cou le collier de l'ordre de la Toison-d'Or. Fond de rideau rosâtre. Ce portrait est la première pensée du grand portrait de Madrid.

Galerie de don Serafin de la Huerta.

Toile. Haut., 20 cent.; larg., 14 cent.

VELASQUEZ

39 — Portrait de la femme de Philippe IV.

3050.00

La reine est debout, tenant de la main gauche un mouchoir, et la main droite posée sur le dossier d'un fauteuil. Les vêtements sont rehaussés de dentelles et de broderies argentines. Ample coiffure avec des plumes. A gauche, un rideau amarante; à droite, en arrière, une horloge sur une table.

Cette esquisse, très-achevée, est la première pensée du grand portrait du Musée royal de Madrid.

Galerie de don Sébastien Martinez (de Cadix).

Toile. Haut., 20 cent.; larg., 14 cent.

VELASQUEZ

(Attribué à)

40 — Le Renardier du roi.

Galerie du comte d'Altamira.

Toile. Haut., 1 m. 67 cent.; larg., 1 m. 10 cent.

VELASQUEZ

(École de)

41 — Vue du Retiro.

Au milieu, une grande fontaine. A droite et à gauche, des statues le long des arbres du parc.

Groupe de femmes faisant de la musique; hommes se promenant ou causant; cerf paissant ou ruminant.

Galerie de la duchesse de Chinchon.

Pendant de la Promenade au Retiro, description de l'ancien catalogue.

Nons pensons que cette peinture est de don Juan Bautista del Mazo, élève de Velasquez.

Toile. Haut., 47 cent.; larg., 1 m. 88 cent.

VELASQUEZ

(École de)

42 — Promenade au Retiro.

Au milieu, s'élève la statue équestre de Philippe IV.
A gauche, une muraille surmontée de grands arbres.
A droite, une grille au-dessus de laquelle on aperçoit
un paysage très-accidenté. Sur la place, on voit des
gentilshommes qui se promènent, des dames qui sont
assises, des musiciens, des mendiants. Le soleil se
couche.

Galerie de la duchesse de Chinchon.

(Ancien catalogue).

Nous pensons que ce tableau est de don Juan Bautista del Mazo, élève de Velasquez.

Toile. Haut., 47 cent.; larg., 1 m. 77 cent.

ZURBARAN

(FRANÇOIS)

43 — L'Assomption.

La vierge Marie, vêtue de la robe rouge traditionnelle que recouvre une longue draperie bleue, est
debout sur un globe soutenu par des chérubins; au-

dessous est le serpent, emblême du péché originel, au-dessus apparaît le Saint-Esprit sous la forme d'une blanche colombe et des anges volent au milieu des nuages. Au bas du tableau un paysage.

Signé : FRAN DE ZURBARAN.

Provient de la galerie du marquis de Léganès.
(Ancien catalogue).

Bois. Haut.. 2 m. 00 cent.; larg., 1 m. 40 cent.

ZURBARAN

(FRANÇOIS)

44 — Un Pénitent gris.

Sous une longue robe de bure, pieds nus et la tête cachée sous un capuchon, le pénitent se présente de face; il tient dans ses deux mains jointes un crâne qu'il contemple, plongé dans une profonde méditation. La lumière est ménagée de manière à produire beaucoup d'effet, et l'ombre portée par la capuche sur cette tête sévère ajoute encore au cachet d'ascétisme dont elle est empreinte.

Provient de la galerie du marquis de Léganès.
(Ancien catalogue).

Toile. Haut., 2 m. 04 cent.; larg., 1 m. 12 cent.

ÉCOLES

FLAMANDE & HOLLANDAISE

ÉCOLES

FLAMANDE & HOLLANDAISE

BLOEMEN

(JEAN-JULES-FRANÇOIS, VAN)

Né en 1656; mort en 1749, à Anvers.

45 — Le Miracle des cinq pains.

Galerie de don Celestino Garcia de Luz.

Bois. Haut., 67 cent.; larg., 85 cent.

210

BREUGHEL

(Attribué à JEAN)

Né à Bruxelles en 1569, mort en 1612.

46 — La Chasse de Diane.

Collection de Iriarte.
Numéro de l'ancien catalogue, 454.

Bois. Haut., 52 cent.; larg. 82 cent.

COQUES

(Attribué à GONZALÈS)

Né à Anvers en 1614, mort dans la même ville en 1684.

47 — Assemblée de famille.

Sur le perron d'une riche demeure, le père et la mère
sont assis dans des fauteuils. A droite, debout, une
jeune femme et deux petits garçons, dont l'un tient en
laisse un lévrier blanc. Arrive sur les marches du perron un jeune gentilhomme vêtu de noir, la main sur
la garde de son épée et suivi d'un page qui accorde
une mandoline. A gauche, en avant, près du fauteuil
du père, se voient des instruments de musique et un
chat. A droite, fond de ciel. Signé en bas, à gauche :
GONSALO F.
(Ancien catalogue).

Bois. Haut.. 70 cent.; larg., 89 cent.

CUYP

(Attribué à ALBERT)

Né en 1606, mort en 1691.

48 — Marine.

Galerie de don Garcia de Luz.

Bois. Haut., 71 cent.; larg., 1 m. 05 cent.

CUYP

(Attribué à ALBERT)

49 — Halte au bord d'une rivière.

Au centre, un cheval blanc et un cheval bai, attachés à un piquet et tournés vers la gauche. A droite, sur un plan plus éloigné, un cavalier monté sur un cheval bai clair.

Au fond, la rivière, puis un paysage montagneux.

Bois. Haut., 54 cent ; larg., 64 cent.

DOV

(Attribué à GÉRARD)

Né à Leyde en 1613. mort en 1675.

50 — Vieille femme pelant des pommes.

Elle est assise, tournée vers la gauche. Capuchon et surtout violets, doublés de fourrures. Jupon bleuâtre.

C'est la vieille femme connue comme étant la mère de Gérard Dov. En arrière, une haute cheminée. Sur le premier plan, une table, une chaise, une chaufferette, un chaudron. A gauche, un tableau de style rembranesque représente le Christ et la Samaritaine. A terre, un panier renversé et un pot.

Signé sur la chaufferette : G. Dov.

Bois. Haut., 31 cent.; larg., 10 cent.

DOV

(École de GÉRARD)

51 — Intérieur de cuisine.

Près du foyer, une jeune femme assise mange la soupe. A gauche, une table sur laquelle on voit un pot, un mortier, un panier; à terre, des légumes sur un seau; à droite, en avant, un chaudron, un panier de bois, un baquet retourné, puis une alcôve au fond; et sur une planche, au mur, sont d'autres accessoires.

Bois. Haut., 29 cent.; larg., 35 cent.

DURER

(Attribué à ALBRECHT)

Né à Nuremberg en 1470, mort en 1528.

52 — Tryptique.

Au centre, le Christ en croix. Au pied de la croix, la Madeleine éplorée et agenouillée. A gauche, la Vierge en robe bleue. A droite, saint Jean en robe rouge, debout. Deux anges, portant des calices, volent sous les deux bras de la croix. Au bas est le monogramme de Durer, avec la date 1503. Autour du sujet principal, quatorze médaillons représentent les épisodes de la vie du Christ, depuis l'Annonciation jusqu'à la mise au tombeau. Au-dessous sont représentées des armoiries avec l'aigle noire.

Intérieur du volet à droite; en haut, saint Jérôme agenouillé devant un Christ et une tête de mort. En bas, saint Georges, sur un cheval blanc, combattant le dragon. Intérieur du volet à gauche; en haut, baptême du Christ par saint Jean; en bas, une bataille.

A l'extérieur des volets quatre figures de saints, en camaïeu.

Ce tryptique a, dit-on, appartenu à Charles-Quint. Il provient des trappistes de Saragosse et porte l'écusson de la maison d'Autriche.

Galerie du comte de Quinto.
(Ancien catalogue).

Bois. Haut., 68 cent.; larg., 43 cent.

DYCK

(ANTOINE VAN)

Né à Anvers en 1599, mort en 1641.

2500.00

53 — Portrait en pied du marquis de Léganès, duc de San Lucar et gouverneur des Flandres.

Galerie de Altamira.
N° 597 de l'ancien catalogue.

Toile. Haut., 2 m. 00 cent.; larg., 1 m. 23 cent.

DYCK

(ANTOINE VAN)

4500.00

54 — Portrait de dona Polixena Espinola, femme du premier marquis de Léganès.

Galerie du marquis de Almenara.
N° 600 de l'ancien catalogue.

Toile. Haut., 1 m. 83 cent.; larg., 1 m. 11 cent.

EYCK

(École de VAN)

2050.00

55 — Sainte Famille.

Collection de Madrazo.

Bois. Haut., 73 cent.; larg., 56 cent.

FALENS

(CHARLES VAN)

Né à Anvers en 1684, mort en 1733.

56 — Le Départ pour la chasse.

1230.

Cuivre. Haut., 27 cent.; larg., 36 cent.

FALENS

(CHARLES VAN)

57 — Halte de chasseurs.

1320.

Cuivre. Haut., 27 cent.; larg., 36 cent.

HOOCH

(Attribué à PIETER DE)

58 — Cavaliers et Amazones.

Scène d'intérieur.

Toile. Haut., 93 cent.; larg., 1 m. 10 cent.

JORDAENS

(JACOB)

Né à Anvers en 1594, mort en 1678; fut disciple d'Adam van Ort
et de Rubens.

59 — Présentation de Jésus au Temple.

Galerie du célèbre poëte Quintana.

Toile. Haut., 1 m. 27 cent.; larg., 1 m. 10 cent.

MEULENAER

(PIERRE)

Vivait dans les environs de 1644. On ignore sa biographie.

60 — Oratoire.

Galerie de D. Pédro Ximenez de Haro.

Bois. Haut., 84 cent.; larg., 66 cent.

MULLER

(MATTIS)

61 — La Marchande de fruits.

Au devant d'une grande habitation se trouve l'éta-
lage d'une marchande de fruits. Sur une table de bois,

en allant de gauche à droite, les yeux rencontrent dans
des vases distincts pour chaque espèce des abricots,
des fraises, des pêches et des fraises, quelques amandes
sur la table, puis une corbeille de cerises, un plat de
coings, un plat de prunes; puis dans des paniers des
prunes, des mûres, des amandes; et au fond un grand
panier plein de raisins.

A terre, des légumes et des fruits; au centre, un
petit singe s'emparant d'une poire.

La marchande tient sur ses genoux un plat de figues
dont elle présente un échantillon à un jeune bracon-
nier portant un lièvre.

Dans une niche est un vase de fleurs.

Au mur est accrochée une balance près d'une botte
d'oignons.

(Ancien catalogue.)

Toile, Haut., 2 m. 29 cent.; larg., 3 m. 42 cent.

MULLER

(MATTIS)

62 — La Marchande de poissons.

Sur la rive d'un fleuve, à l'entrée d'une ville qui
dessine à droite, est l'étal d'une marchande de poissons; la marchande, vêtue d'un casaquin rouge, se
tient derrière une table où sont déposés des cabillauds,
du saumon, etc.; sur une autre table, plus en avant,
divers accessoires et une corbeille contenant des poires.

Coiffée d'une toque noire et couverte d'un manteau
d'une même couleur, qui descend sur une robe de soie

verte et brochée, une jeune dame, ayant un manchon rouge doublé d'hermine, se présente à gauche, accompagnée de son enfant et suivie d'un cavalier et de trois serviteurs portant ses provisions.

A droite, au fond, près de la marchande, se tient un homme portant un filet.

Sur le quai circulent plusieurs figures, et sur les eaux flottent quelques embarcations.

Signé sur le rebord de l'étal, à droite : Mat. Muller.

Pendant du précédent.

Toile. Haut., 2 m. 20 cent.; larg., 3 m. 42 cent.

OSTADE

(ADRIEN VAN)

?

63 — Le Maître d'école.

Bois. Haut., 20 cent.; larg., 25 cent.

64 — Les soins maternels.

Bois. Haut., 22 cent.; larg., 31 cent.

65 — Les Fumeurs.

Bois. Haut., 20 cent.; larg., 25 cent.

66 — Intérieur de cabaret.

Bois. Haut., 20 cent.; larg., 25 cent.

Ces quatre sujets flamands proviennent des palais royaux. Collection de la comtesse de Chinchon, née de Bourbon.

(Ancien catalogue.)

RUBENS

(PIERRE-PAUL)

Né à Siegen le 29 juin 1577, mort à Anvers le 30 mai 1640.
Élève d'Adam van Noort et d'Otto van Veen.

67 — La Colère d'Achille.

Agamemnon est sur son trône.

Riche architecture avec cariatides.

A droite, Minerve, casquée, arrête Achille qui veut tirer son glaive.

A gauche, trois hommes exprimant la surprise et l'indignation.

En avan^t au milieu, est couché un lion enchaîné.

Ce tableau et la *Mort d'Achille* font partie d'une suite de huit compositions empruntées à la *Vie d'Achille* et destinées à être reproduites en tapisseries. Les six autres sont encore dans la galerie du duc de l'nfantado.

(Ancien catalogue.)

Bois. Haut.. 1 m. 07 cent.; larg., 1 m. 08 cent.

RUBENS

(PIERRE-PAUL)

68 — La Mort d'Achille.

Devant l'autel où brûle le feu sacré, Achille, blessé au talon par la flèche de Pâris, que dirige Vénus, se renverse mourant.

Riche architecture analogue à celle du tableau qui représente la *Colère d'Achille*. Cariatides aux deux côtés et amours soutenant en l'air des guirlandes.

En avant, au milieu, un loup tenant dans sa gueule un aigle renversé.

Galerie du duc de l'Infantado.

Pendant du précédent numéro.

Bois. Haut. 1 m. 07 cent.; larg., 1 m. 08 cent.

RUBENS

(Attribué à PIERRE-PAUL) .

ET

SNEYDERS

69 — Le Nid d'Amours.

Collection del Sr. Cepero Dean de Sevilla.
N° 553 de l'ancien catalogue.

Haut., 1 m; 76 cent.; larg., 2 m. 36 cent.

RUBENS

(École de)

70 — La Charité.

Femme brune **rappelant** le type de la première femme de Rubens, Isabelle Brant, assise par terre, le coude appuyé sur un fût de colonne. Robe rouge, laissant voir un sein, linge blanc descendant de la tête en écharpe sur la poitrine. Un enfant qu'elle tient sur ses genoux et un autre enfant renversé contre elle jouent ensemble avec une grappe de raisin. Un enfant, debout, s'appuie contre le bras droit de la mère féconde, et un autre enfant se penche pour l'embrasser. En avant, un petit épagneul aboie contre les traînes de la robe.

Tous ces enfants blonds et nus sont délicieux. La figure de la femme a cette grandeur protectrice des madones de Michel-Ange et de la Charité d'Andrea del Sarto, au musée du Louvre.

Ce chef-d'œuvre lumineux doit avoir été peint un peu après le mariage de Rubens avec Isabelle (1609), vers le même temps que la célèbre *Descente de Croix* de la cathédrale d'Anvers.

Répétition du tableau « *La Charité* » de la collection du comte de Schœnborn.

Galerie de Alba, n° 557 de l'ancien catalogue.

Toile. Haut., 1 m. 40 cent.; larg., 1 m. 15 cent.

RUBENS

(Attribué à PIERRE-PAUL)

71 — Chasse au sanglier.

Toile. Haut., 2 m. 20 cent.; larg., 2 m. 92 cent.

SNEYDERS

(FRANZ)

Né à Anvers en 1579, mort en 1657.

72 — Le Marchand de gibier.

Composition capitale et saisissante de vérité, dans laquelle le maître a déployé toute la vigueur de son pinceau.

Dans l'intérieur d'une boutique est une table de bois où sont amoncelées, et dans un apparent désordre, des pièces de gibier, parmi lesquelles on remarque un magnifique cygne aux ailes déployées, des canards, deux paons, un héron et une bécasse; sur une table, en partie cachée par la queue d'un paon, est un vase contenant des grenades, des aubergines et un citron. Au plafond sont accrochés à des pièces de bois un quartier de sanglier, deux lièvres, un héron, une perdrix, une poule de bruyère, de petits oiseaux et quelques volailles; puis, à l'extrême droite, un chevreuil dont les membres antérieurs retombent sur une des ailes du cygne dont nous avons parlé. Tout à fait au premier plan, et de gauche à droite, est une cage ou ravache pleine de volaille vivante, puis un chat qui est parvenu

à s'emparer de la tête d'un des deux paons; un banc
de bois grossier supporte encore des canards, une bécasse, deux perdrix, un faisan. Par terre, à droite, est
déposée une corbeille remplie d'œufs; il s'y trouve, en
outre, deux perdreaux que convoite un chat noir caché
sous le banc et qui n'ose s'avancer, menacé qu'il est
par un chien qui, le poil hérissé, se dresse et le tient
en arrêt. Enfin au dehors, à droite, se trouve le marchand, tenant dans ses mains la tête d'un sanglier.
De ce côté, au fond, apparaissent les monuments variés
d'une ville, Anvers sans doute.

(Ancien catalogue.)

Toile. Haut., 1 m. 15 cent; larg.. 3 m. 45 cent.

SNEYDERS

(FRANÇOIS)

73 — Le Chien lâchant sa proie pour l'ombre.

Galerie de Altamira.

Toile. Haut., 1 m. 75 cent.; larg., 2 m. 32 cent.

SNEYDERS

(FRANÇOIS)

74 — Milans et Coqs.

Galerie de Altamira.
N° 580 de l'ancien catalogue.

Toile. Haut., 2 m. 10 cent.; larg., 2 m. 20 cent.

SNEYDERS

(FRANÇOIS)

75 — Combat d'un coq et d'un dindon.

Galerie de Altamira.
N° 576 de l'ancien catalogue.

Toile. Haut., 2 m. 08 cent.; larg , 1 m. C0 cent.

SNEYDERS

(FRANÇOIS`

76 — Concert d'oiseaux.

Galerie de Altamira.

Toile. Haut., 94 cent.; larg., 1 m. 30 cent.

SON

(JEAN VAN)

77 — Fruits.

Galerie de Madrazo.

Panneau. Haut., 27 cent.; larg., 37 cent.

TÉNIERS

(Attribué à DAVID, le Jeune)

Naquit à Anvers en 1610, mourut en 1694.

78 — Intérieur de corps de garde.

Galerie de la duchesse de San-Fernando.

Toile signée. Haut., 84 cent.; larg., 1 m. 01 cent.

TÉNIERS

(Attribué à DAVID, le Jeune)

79 — Intérieur d'un corps de garde.

Collection de Madrazo.

Cuivre signé. Haut, 88 cent.; larg., 1 m. 66 cent.

TÉNIERS

(Attribué à DAVID, le Jeune)

80 — Rendez-vous de chasse.

Collection de Madrazo.

Cuivre signé. Haut., 88 cent.; larg., 1 m. 66 cent.

TÉNIERS

(Attribué à DAVID, le Jeune)

81 — Vue de Bruxelles.

Le plus grand tableau connu de ce peintre.
Galerie de l'Infant don Luis de Bourbon.

Toile. Haut., 1 m. 78 cent.; larg., 2 m. 28 cent.

TERBURG

(GERARD)

Naquit en 1608, mourut en 1681.

82 — Portrait d'homme.

Il est représenté en pied, debout près d'une table sur laquelle sont placés sa montre, son chapeau et un gros livre.

Toile. Haut., 75 cent.; larg., 59 cent.

VERSCHURING

83 — L'Hôtellerie.

Toile signée. Haut., 61 cent.; larg., 76 cent.

VOS

(PAUL DE, le Vieux)

84 — Chasse au sanglier.

Un sanglier fuit à travers la campagne, poursuivi par une meute nombreuse. Deux chiens ont été tués par l'animal furieux et gisent sur le sol, mais leurs compagnons n'en continuent pas moins leur poursuite acharnée. En arrière et à gauche, des hommes armés de lances se montrent et se disposent à abattre l'animal qui fuit devant eux.

Collection Madrazo.

(Ancien catalogue.)

Toile signée. Haut., 2 m. 05 cent.; larg., 3 m. 13 cent.

VOS

(PAUL DE)

85 — Chasse au taureau.

Au milieu d'une plaine, bornée à gauche par un bouquet d'arbres, un taureau essaye d'échapper à la meute de molosses qui le poursuit et qui vient enfin de l'atteindre.

Déjà l'une de ses cornes a étendu sans vie un de ses adversaires. Un chien brun l'a saisi par une oreille, un autre lui mord les reins et un troisième l'attaque de front; en arrière, un quatrième adversaire l'a saisi de sa gueule formidable, tandis que deux autres, aux yeux enflammés, vont également se jeter sur lui.

(Ancien catalogue.)

Toile signée. Haut., 2 m. 09 cent.; larg., 3 m. 44 cent.

VOS

(PAUL DE)

86 — Chasse aux chevreuils.

Galerie de Altamire.

Toile, signée. Haut., 2 m. 15 cent.; larg., 2 m. 05 cent.

WILDENS

(JEAN)

Naquit à Anvers en 1584 et mourut en 1653.

87 — 1° Vue de la ville d'Anvers prise de l'Escaut.

88 — 2° Vue de la ville d'Anvers prise de terre.

Toile signée. Haut., 3 m. 67 cent.; larg., 1 m. 95 cent.

ÉCOLE ITALIENNE

ÉCOLE ITALIENNE

CALDARA

(dit POLIDORE DE CARAVAGE)

Naquit en 1495, mourut en 1543.

89 — Le reniement de saint Pierre.

Galerie de la comtesse de Chinchon.

Toile signée. Haut., 1 m. 50 cent.; larg., 1 m. 75 cent.

CARRACI

(ANNIBAL)

Naquit en 1560, fut disciple de son aîné Ludovic, mourut en 1609.

90 — Étude de quatre têtes.

Collection de Madrazo.

Toile signée. Haut., 27 cent.; arg., 33 cent.

CORRADO

(HYACINTHE)

Né à Molfète en 1693, mort à Naples en 1768.

91 — La Résurrection d'un enfant.

Miracle dû à l'intercession d'un saint.
Collection de Madrazo.

Toile signée. Haut., 65 cent.; larg., 48 cent.

CORREGGIO

(École de)

92 — La Vierge et l'Enfant.

Galerie du marquis de Monte-Allegre.

Panneau. Haut., 16 cent.; larg., 12 cent.

CORREGGIO

(École de)

93 — Étude d'une tête d'enfant.

Galerie de Madrazo.

Bois. Haut., 37 cent.; larg., 25 cent.

ÉCOLE LOMBARDE

94 — Sainte Cécile, jouant de la guitare, est accompagnée de deux anges dont l'un chante
et l'autre joue de la flûte.

> Panneau. Haut., 76 cent.; larg., 61 cent.

ÉCOLE ROMAINE

95 — La Vierge et l'Enfant Jésus.

Collection de Madrazo.

> Haut., 34 cent.; larg., 28 cent.

ÉCOLE VÉNITIENNE

96 — 1° Serva venetiana.

97 — 2° Vedova venetiana.

460

(98 — 3° Legrana venetiana.

(99 — 4° Donzella venetiana.

Ces quatres toiles se faisant pendant proviennent d'un palais de Venise.

Toile. Haut., 1 m. 88 cent.; larg., 1 m. 09 cent.

FALCONE

(ANIELLO)

Né à Naples en 1600, fut disciple de Ribera et condisciple de Salvator Rosa : mort en 1666.

100 — L'attaque d'un pont.

Ce tableau, attribué à Jean Miel dans l'ancien catalogue, est désigné sous le nom du tableau du Tambour. Collection de Madrazo.

Toile. Haut., 64 cent.; larg., 89 cent.

LUTTI

(Le Chevalier)

Né à Florence en 1666, mort en 1724.

205

101 — Miracle d'un saint.

Collection de Madrazo.
N° 199 de l'ancien catalogue.

Toile. Haut., 50 cent.; larg., 66 cent.

LUTTI

102 — Martyre d'un saint.   *300*

> Collection de Madrazo.
> N° 198 de l'ancien catalogue.

Toile. Haut., 50 cent.; larg., 65 cent.

MONALDI

(BERNARDIN)

Les Œuvres de Miséricorde

103 — 1° Intérieur de prison.   *405*
> N° 214 de l'ancien catalogue.

104 — 2° Distribution aux pauvres.   *310*
> N° 215 de l'ancien catalogue.

105 — 3° Secours aux pèlerins.
> N° 216 de l'ancien catalogue.   *230*

410

106 — 4° Distribution de vivres en place publique.

N° 219 de l'ancien catalogue.

240

107 — 5° Vente aux hôpitaux.

N° 218 de l'ancien catalogue.

430

108 — 6° Distribution de vivres.

N° 217 de l'ancien catalogue.

RAPHAEL

(École de)

109 — Le Sommeil de l'Enfant Jésus.

La sainte Vierge soulève un voile et contemple l'enfant divin que saint Jean-Baptiste montre du doigt.
Galerie de don Serafin de la Huerta.

Panneau forme ronde. Haut., 1 m. 17 cent.; larg., 1 m. 17 cent.

RAPHAEL

(École de)

110 — Sainte Famille.

> Ce tableau a été attribué par plusieurs critiques d'art et experts à Tisio Benvenuto dit il Garafalo.

Bois. Haut., 30 cent ; larg., 23 cent.

ROBUSTI

(JACOPO. dit IL TINTORETTO)

Né à Venise en 1512, fut disciple du Titien ; mort en 1594.

111 — Pieta.

Galerie du duc de Uceda.

Toile. Haut.. 1 m. 04 cent.; larg., 80 cent.

TIEPOLO

(JEAN-BAPTISTE)

112 — Cinq études de têtes d'expression différente.

Galerie du duc de Hijar.

Toile. Haut., 84, 85, 86, 87, 88 cent.

VANNUCCI

(Attribué à PIETRO, dit IL PERUGINO)

Né à Castello della Pieve en 1446, mort à Castello-Fontignano en 1524.

113 — La Vierge à la grenade.

La Vierge, vue à mi-corps et assise, ayant sur ses genoux l'Enfant-Jésus, tient de la main gauche une grenade ouverte. Elle a une robe pourpre et un manteau vert doublé de bleu. Fond de paysage très-riche et très-clair.

La figure de la Vierge est presque de grandeur naturelle.

Bois. Haut., 86 cent.; larg., 65 cent.

VERONÈSE

(École de PAUL.)

114 — Portrait de femme.

Galerie de Madrazo.

Toile. Haut., 1 m. 11 cent.; larg., 95 cent.

VITELLI

(GASPARD VAN)

115 — 1. Place Navone.

Paysage avec figures.

116 — 2. Bords du Tibre.

Paysage avec figure.
Galerie de Madrazo.

Toile. Haut., 60 cent.; larg., 1 m 27 cent.

ÉCOLE FRANÇAISE

GELÉE

(Attribué à CLAUDE, dit LE LORRAIN)

Né au château de Chamagne en 1600, mort à Rome en 1682.

117 — La Danse.

Paysages avec figures, effet de soleil couchant.

Galerie de don Juan Galver, peintre du roi Ferdinand VII.

Toile Haut., 1 m. 17 cent ; larg., 1 m. 07 cent.

LARGILLIÈRE

(NICOLAS DE)

Né à Paris en 1656, mort en 1746.

118 — Portrait de Drevet, célèbre graveur français.

Toile. Haut.. 65 cent.; larg., 55 cent.

Paris, le

Les ~~txxi~~ quatre tableaux suivants ont été achetés à la vente SALAMANCA qui eut lieu en ~~MADRID~~ Janvier 1875 : Commissaire - priseur : Pillet

Peintre - Expert : Haro

auprès des DOUANES

Sainte Rose de Lima   par MURILLO .   Description du catalogue :

Vue à mi - jambes . Elle est debout en extase , tenant de la main droite une branche de roses sur laquelle descend le petit Jesus . De la main gauche , elle sert son chapelet contre son sein . Guimpe blanche et robe blanche sur laquelle se drape un manteau foncé . Dans le ciel un choeur de chérubins .   Grandeur naturelle .

Ce tableau a été gravé à Madrid par Blas Amettler et se trouvait dans la galerie du real palacio . Cean Bermudez parle de Ste Rose de Lima (t. II page 65)   Haut : 1m 66 larg. 1 m 33

Immaculée Conception   par RIBERA   . Description du catalogue:

La Vierge les mains jointes et les yeux tournés vers le ciel , dans l'attitude d'une religieuse attente , est debout , les pieds posés sur le croissant symbolique que supportent des chérubins; vêtue d'une longue robe blanche elle est enveloppée en partie des plis flottants d'une draperie bleue ; au - dessus d'elle est le Saint Esprit que de nombreux chérubons entourent . Signé à droite : Jusepe de Ribera , espagnol . 1637 .

Tableau cité par Cean Bermudez . Provient du couvent de Monte Rey Salamanca.

2 m 51 sur 1 m 75

Apparition de la Vierge sur un cerisier à St. François   par CEREZO

L'ouvrage de Bermudez en fait mention 2m50 sur 1m 75

Meubles Anciens

Objets d'Art - Tapisseries

M. Heim

42, RUE DE VARENNE (7ᵉ)

ENGLISH SPOKEN

TÉL. : LITTRÉ 21-61

R. C. Seine 28.164

Paris, le

—— II ——

<u>Communion de Ste Thérèse</u>   par   COELLO . Description du
catalogue :

Saint Pierre , évêque d' Alcantara donne la communion à
Sainte Thérèse , qui est agenouillée devant l'autel placé à
gauche . Elle porte une robe brune , recouverte d'un manteau
blanc surmonté d'une cape noire ; une auréole rayonne au - dessus
de sa tête ; elle tient sa main droite sur sa poitrine , sur sa
main gauche tombe le voile blanc de la communion . Derrière
l'évêque officiant est un moine , et un saint diacre est
agenouillé au premier plan ; dans le fonf , à côté de la sainte
se trouve un autre saint diacre qui lui présente une fleur de
lis . Aux colonnes du temple pend un rideau aux larges plis.

Galerie de l'infant don Louis de Bourbon .

2m 48 sur 2 m 22 .

Dürer – Triptyque – anc. coll. du comte de Quinto
vendu des Trappistes de Saragosse
n. 52 d'une vente Drouot v. 1890 –
coll. Villahermosa

signé [AD] [AD]
1505

armes
ar. sur sable   or sur ar

Sable sur ar.   aigle sable s. or